성북동 비둘기

국립중앙도서관 출판시도서목록(CIP)

성북동 비둘기 / 지은이: 김광섭. -- 양평군 : 시인생각, 2013
 p. ; cm. -- (한국대표명시선 100)

"김광섭 연보" 수록
만해사상실천선양회의 지원으로 간행되었음
ISBN 978-89-98047-94-8 03810 : ₩6000

한국 현대시[韓國 現代詩]

811.62-KDC5
895.714-DDC21 CIP2013013032

한 국 대 표
명　시　선
1　0　0

김 광 섭

성북동 비둘기

시인생각

■ 시인의 말

 여기 실은 시는 「심부름 가는」 한 편 외에는 모두 병석에서 쓴 것이다.
 자칫하면 못 나올 뻔했던 시집이오 또 마지막 시집일지도 모른다.

 뇌출혈로 졸도하여 한 주일이나 혼수상태에 빠졌던 나의 정신을 알기 위하여 아픈 비를 맞으면서 시를 써 놓고 보면 다시 돌아갈 수는 없지만 나는 틀림없는 나의 과거의 존속이었다. 그만큼 정도 더 가고 애수도 더 깊다.

 이런 시집을 엮음에 있어 알뜰한 것만 고르고 싶지만 그러면 시집이 한 권의 책의 부피를 이루기 어려움으로 시집을 내는 시인들이 한결같이 느끼는 시와 책의 갈등이리라. 그런 고충이 내게라고 없음이 아니다.

이 시집이 문공부의 창작지원금에 의해 나오게 된 것을, 또 범우사의 호의와 강인섭 시인의 많은 도움을 이에 적어서 그 고마움을 표하고저 한다.

　이거라도 들고 나를 살리기에 애쓰시고 지루한 병을 위로해 주신 친지들을 다시 뵙게 된 것이 무엇보다도 기쁘다.

1969년 10월 19일
저 자

<시집 「성북동 비둘기」(1969. 11. 15.) 서문에서>

■ 차 례 ——————— 성북동 비둘기

시인의 말

1

저녁에   13

성북동 비둘기   14

해바라기   16

사랑   17

지나가는 꿈   18

옥수獄愁   19

구슬   20

꽃을 집어 달고   21

비밀   22

들국화   24

한국대표명시선100 김 광 섭

2

이 어두운 시간을   27
보이지 않는 별   28
자화상 37년   29
고독   30
독백   31
동경   32
비 개인 여름 아침   33
달밤   34
아름다운 생각 하나   35
가을이 서럽지 않게   36

3

이별의 노래 —서대문형무소 행　39

해방　40

벌　44

나의 사랑하는 나라　47

귀뚜라미　48

수영　49

사과　50

마음　51

봄　52

꽃 단상斷想　54

4

나의 초상 57

고향 —해방 20주년 망향의 노래 58

가을 60

사자死者로부터의 염서艶書 62

병病 64

시인 66

금붕어 68

산 70

겨울날 72

생의 감각 74

5

전설 77

송별 78

독립의 길 —시민행렬 속에서 79

가는 길 82

거리距離 83

젊은 시인의 죽음 —봄과의 첫날밤 84

서울에 둔 무덤을 찾아 85

고혼孤魂 —고 노천명 시인에게 86

밤 88

황혼 89

김광섭 연보 91

1

저녁에

저렇게 많은 중에서
별 하나가 나를 내려다본다
이렇게 많은 사람 중에서
그 별 하나를 쳐다본다

밤이 깊을수록
별은 밝음 속에 사라지고
나는 어둠 속에 사라진다

이렇게 정다운
너 하나 나 하나는
어디서 무엇이 되어
다시 만나랴

성북동 비둘기

성북동 산에 번지가 새로 생기면서
본래 살던 성북동 비둘기만이 번지가 없어졌다
새벽부터 돌 깨는 산울림에 떨다가
가슴에 금이 갔다
그래도 성북동 비둘기는
하느님의 광장 같은 새파란 아침 하늘에
성북동 주민에게 축복의 메시지나 전하듯
성북동 하늘을 한 바퀴 휘 돈다

성북동 메마른 골짜기에는
조용히 앉아 콩알 하나 찍어먹을
널찍한 마당은커녕 가는 데마다
채석장 포성이 메아리쳐서
피난하듯 지붕에 올라앉아
아침 구공탄 굴뚝 연기에서 향수를 느끼다가
산 1번지 채석장에 도루 가서
금방 따낸 돌 온기에 입을 닦는다

예전에는 사람을 성자聖者처럼 보고
사람 가까이

사람과 같이 사랑하고
사람과 같이 평화를 즐기던
사랑과 평화의 새 비둘기는
이제 산도 잃고 사람도 잃고
사랑과 평화의 사상까지
낳지 못하는 쫓기는 새가 되었다

해바라기

바람결보다 더 부드러운 은빛 날리는
가을 하늘 현란한 광채가 흘러
양양한 대기에 바다의 무늬가 인다

한 마음에 담을 수 없는 천지의 감동 속에
찬연히 피어난 백일白日의 환상을 따라
달음치는 하루의 분방한 정념에 헌신된 모습

생의 근원을 향한 아폴로의 호탕한 눈동자같이
황색 꽃잎 금빛 가루로 겹겹이 단장한
아 의욕의 씨 원광에 묻히듯 향기에 익어가니

한 줄기로 지향한 높다란 꼭대기의 환희에서
순간마다 이룩하는 태양의 축복을 받는 자
늠름한 잎사귀들 경이를 담아 들고 찬양한다

사랑

이리로 오라 나의 사랑하는 사람아
저 달이 유난히 빛나면서
고인 듯이 흐르는 푸른 강 위에
자욱한 빛이 꿈처럼 풀려 오른다

물속에 고기와 산 속에 새와 언덕조차
취한 밤이니 너와 나를 새겨놓고
말없이 저 달을 보낸 뒤에
문을 열고 너는 내 가슴에 불을 켜라

이제로부터 나는 너를 붙잡고 가리니
자연에 편만遍滿한 사랑과 함께
너와 나 사이에 다시 뜨는 달을 보며
우리는 이루어 새것을 열리라

아 드디어 돌아갈 날 함께 누우려나
팔을 베개로 아지 못할 표상이 시작되리니
그립다 서울 복판에 걸린 한 조각하늘을
이름 새기고 갈 낯익은 종이로 삼을까

지나가는 꿈

길이 마음속에 살고 있는 것을
두고 갈 앞날을 바라보니
창에서 소리인 듯 바람이 지나간다
나는 외로운 광선에 끌려가누나

너의 집에서 나의 옆에 앉은 사람아
또 하나 누가 너의 목에 달렸음을 보고
나는 너의 가슴에서 시름없이 풀어졌다
너의 벽에 못 박힌 '사랑의 벌'이여

나중에 나는 너의 앞에 누운 돌이었다
필경 너와 나와 함께 생각할 것은
우리를 비추고 안아 준 해와 흙이리라
하늘이여 슬프게 왔다 간 자를 웃지 말라

옥수獄愁

하늘이 비뚤었다
흰 구름 흘러서
벼랑으로 떨어진다

아 저건 아마
눈물의 바다로 가는
꿈의 행장行狀들인가

구슬

어디서 온 거뇨
마음에 담아두니
가슴 아늑히 깊어진다

그 자리 비어도
빛깔 남아서
여운이 풍긴다
한 바다에 모여
몸을 씻고 돌아오는가
줄지어 영롱코나

꽃을 집어 달고

창가에 기대인
  하이얀 커튼 뒤에

얽힌 등나무
  푸른 잎사귀 아래

꽃을 집어 달고
  바라보는 꿈

하늘을 받으려고
  문을 열었건만

외로움 앞서
  흰구름인가

홀로 저물어
  어두워지더라

비밀

이 세상에서 사나이도 한 아름다운 비밀이오
이 세상에서 여자도 한 아름다운 비밀이었다

이 비밀이 서로 만나서 새로운 비밀을 엮으며
꿈의 집을 지으면 거기서 또한 새 사랑이 태어났다

화심花心을 안고 해를 반기는 화판花瓣 같은 말과 말
타는 가슴 붉은 입술에서 피어올랐다

그러므로 외롭고 슬프고 아플지라도
사모하는 마음 즐겨서 그 문을 두드리며 고민하였다

온갖 몽상의 잎사귀로 화단을 꾸민 이 나라
미소로 청춘을 맞아 영광의 빛이 돌았다

어느 날 달과 별을 우러러 마음과 마음 설레이던 끝
끝끝내 꿈을 실현하는 밤 비밀의 실마리가 풀렸다

그날 밤 아름다운 말과 진실한 마음 침묵의 순간
영혼의 육체에 지상의 예를 이루었다

원함과 앗김이 드디어 한 개의 합의를 얻었음이뇨
여자는 아내가 되어 눈물로 남편을 삼았다

어데선가 여자를 사랑하는 한 사나이가 고개를 숙였고
어데선가 사내를 잊으려는 한 여자가 실격하였다

알 수 없이 사랑하면서도 더욱 잊으려는 또 한 비밀
알 수 없이 잊으려면서도 더욱 사랑하는 또 다른 비밀

이 세상에서 사나이도 여자도 한 아름다운 비밀이었으나
이 세상에서 사나이도 여자도 한 슬픈 비밀이었다

들국화

돌연히 나를 기다려
들 가에 홀로 나섬인가

너를 반겨 외로움
너와 함께 핀다

너를 가꾸어 보낸 손길
가을 하늘이 차서

분향하여 향기런가
네 모습 꽃 위에 선다

2

이 어두운 시간을

신이여 이 어두운 시간의 끝을
당신의 푸른 하늘에 달아 주시지

나는 이 쓸쓸한 땅에서
꽃과 향기의 근원을 찾으리다

봄바람에 새로운 흙의 집에서
나는 신생과 만나 솟아오르는 것입니다

슬픔이 흘러서 모이는 노래처럼
빛을 감고 가슴을 펴려는 것입니다

멀리 아지랑이 물든 언덕에서
비밀들이 화촉을 이루나 봅니다

보이지 않는 별

여기 촛불을 켜고 있음은
　누구를 기다림인가

시간을 잊어버린 뒤에
　별들이 나타난다

조고만 샛길을 걸어
　사람들은 지나간다

너를 보고 가는 사람들을
　별들아 다 너는 기억하느냐

아침엔 자라는 잎사귀같이
　짙은 봄 생각을 하건만

저녁 빛은 멀어지며
　향수 가까이 젖는다

저 너머 보이지 않는
　별이 또 있는가

아마 내가 빠지는 건
　빛 이르지 못하는 거긴갑다

자화상 37년

장미를 얻었다가
장미를 잃은 해

저기서 포성이 나고
여기서 방울이 돈다

힘도 아니요 절망도 아닌 것이
나의 하늘을 덮던 날

나는 하품하는
추근한 산호였다

아침에 나간 청춘이
저녁에 청춘을 잃고 돌아올 줄은 믿지 못한 일이었다

의사는 칼슘을 권했고
동무는 술을 따랐다

드디어 우수를 노래하여
익사 이전의 감정을 얻었다

초라한 붓을 들어 흰 종이에
니힐의 꽃을 담뿍 그렸다

고독

내
하나의 생존자로 태어나 여기 누워 있나니

한 간 무덤 그 너머는 무한한 기류의 파동도 있어
바다 깊은 그곳 어느 고요한 바위 아래

내
고단한 고기와도 같다.

맑은 성性 아름다운 꿈은 멀고
그리운 세계의 단편은 아즐타.

오랜 세기의 지층만이 나를 이끌고 있다.

신경神經도 없는 밤
시계야 기이타.
너마저 자려무나.

독백

피로한 생활의 윤리에서
묵중한 머리를 들어보나

원래 목표 있는 우수도 아니요
말하여 진盡할 비애도 아니려니와
또한 어디서 비롯하여
어디서 끝날 얘기랴.

흐르고 쌓여 나려온
온갖 울분을 다하여서도
결국은 돌멩이 하나 움직이지 못할
허망한 사념에 다다를 뿐

드디어 불행을 거느리고
고독의 삼림에 들다.

동경

온갖 사화詞華들이
무언無言한 고아가 되어
꿈이 되고 슬픔이 되다.

무엇이 나를 불러서
바람에 따라가는 길
별조차 떨어진 밤

무거운 꿈같은 어둠 속에
하나의 뚜렷한 형상이
나의 만상萬象에 깃들이다.

비 개인 여름 아침

비가 개인 날
맑은 하늘이 못 속에 나려와서
여름 아침을 이루었으니
녹음이 종이가 되어
금붕어가 시를 쓴다.

달밤

벗을 얻어 고갯길 넘는 밤
그대는 보름달을 노래하고
나는 나무가 되어 귀를 기울이다.

아름다움이 슬프다는 얘기가 있어
마음에 한 줄기 시내가 흘러
달이 밝아서 온 길도 나중엔 흐리었다.

아름다운 생각 하나

아름다운 시의 천사들에게 인사를 하고
끝없는 생각들 한 잔 술로 마시고
밤의 시간을 저어 가는 외로운 침상에서
나는 그대를 부르며 생각하고 잠든다

아름다운 생각 하나 눈을 뜨고 일어나서
홀로 장미의 집을 찾았으니
꿈의 옷을 걸치고 잠든 사람
하이얀 살결 꽃처럼 피어난다

사랑은 기원 울고 얻은 신념
아름다운 생각 하나 눈을 뜨고 일어나서
별을 거느리고 장미의 집을 지키는 밤
하늘의 마음 모두 다 여기 모이도다

가을이 서럽지 않게

하늘에서 하루의 빛을 거두어도
가는 길에 쳐다볼 별이 있으니
떨어지는 잎사귀 아래 묻히기 전에
 그대를 찾아 그대 내 사람이리라

긴 시간이 아니어도 한 세상이니
그대 손길이면 내 가슴을 만져
생명의 울림을 새롭게 하리라
 내게 그 손을 빌리라 영원히 주라

홀로 한쪽 가슴에 그대를 지니고
한쪽 비인 가슴에 거울삼으리니
패물 같은 사랑들이 지나간 상처에
 입술을 대이라 가을이 서럽지 않게……

3

이별의 노래
— 서대문형무소 행

나는야 간다
나의 사랑하는
나라를 잃어버리고
깊은 산 묏골 속에
숨어서 우는
작은 새와도 같이

나는야 간다
푸른 하늘을
눈물로 적시며
아지 못하는
어둠 속으로
나는야 간다

해방

압박과 유린과 희생에 묻힌 36년
피를 흘리며 신음하며
자유를 찾으며 해방을 원하며
우리들은 얼마나
움직이는 세기의 파동 속에
뛰어들려 하였던가

또한
어데서 하고 싶은 일을 하고
어데서 읽고 싶은 글을 읽고
어데서 가고 싶은 길을 갈 수 있었던가

어데로 가나 나라 없는 백성
어데로 가나 이름 없는 사람
아지 못할 무거운 죄와 벌
조선은 속박과 눈물의 땅
피와 땀에 추근히 젖어서
대지는 빛을 잃고
우리들은 폐허에 누운
헐벗은 손님에 지나지 못하였다

아 한 많고
원 많은 곳에서 홀로 살지던
일본제국주의
한 민족을 잡아 피를 짜며
악령을 불러 무장하고
세계의 관을 얻으려던
일본제국주의

오늘 우리들은
그대의 머리 우에
황혼의 만가를 보내나니
잘 가거라 일본아
고달픈 옷자락에
눈물을 씻으며
영원히 물러가라
흉몽을 안고
심연에 누워
고요히 잠자거라
자장가는
우리의 행진으로 하리라

이리하여
오래 고민하던 시대는 가고
환희에 넘치는 세대가
분화噴火 같은 입을 열고
부르짖으며 행동하나니
만물은 감격하여
우리와 함께
웃고 노래하고 춤춘다

아 기쁘다
하늘아
더 높고 더 크라
더 맑고 푸르러라
우리들은 모두 다 광명에 취하여
그대 푸른 가슴 속에 뛰어들어
일하고 배우고 건설하리니
영광스러운 헌신
하늘을 받들고
우리들은 지상에 우뚝 섰다

이 해방된 감격
이 공통된 환희가
오늘 자유의 기원이 되어
조국에 바치는
한 덩어리 열이 되고
힘이 되었으니
누가 우리의 길을 막으랴

아 조선의 의지와 지혜와 생명
영원토록 생동하라
도약하라 비상하라
대우주의 창조에 깊은 뿌리를 박고
지고한 가슴 속에 정열을 가다듬어
무한한 미래에 계속된
20세기의 파동 많은 산맥
높은 봉우리 우에
영원한 자유와 독립의 탑을 세우라

벌

나는 2223번
죄인의 옷을 걸치고
가슴에 패를 차고
이름 높은 서대문 형무소
제3동 62호실
북편 독방에 홀로 앉아
"네가 광섭이냐"고
혼잣말로 물어보았다

3년 하고도 8개월
1300여 일
그 어느 하루도 빠짐없이
나는 시간을 헤이고 손꼽으면서
똥통과 세수 대야와 걸레
젓가락과 양재기로 더불어
추기 나는 어두운 방
널판 위에서 살아 왔다

여름이 길고 날이 무더우면
나는 바다를 부르고 산을 그리며

파김치같이 추근한 마음
지치고 울분한 한숨에
불을 지르고 나도 타고 싶었다

겨울 긴긴 밤 추위에 몰려
등이 시리고 허리가 꼬부라지면
나는 슬픔보다도 주림보다도
뒷머리칼이 하나씩 하나씩
서리같이 세어짐을 느꼈다

나는 지금 광섭이로 살고 있으나
나는 지금 잃은 것도 모르고
나는 지금 얻은 것도 모르고 살 뿐이다

그러나 푸른 하늘 아래로 거닐다가도
아지 못할 어둠이 문득 달려들어
내게는 이보다도 더 암담한 일은 없다

그리하여 어느덧 눈시울이 추근해지면
어디서 오는 눈물인지는 몰라도

나의 눈물은 이제 드디어
사랑보다도 운명에 속하게 되었다
인권이 유린되고 자유가 처벌된
이 어둠의 보상으로
일본아 너는 물러갔느냐
나는 너의 나라를 주어도 싫다

나의 사랑하는 나라

지상에 내가 사는 한 마을이 있으니
이는 내가 사랑하는 한 나라이러라

세계에 무수한 나라가 큰 별처럼 빛날지라도
내가 살고 내가 사랑하는 나라는 오직 하나뿐

반만년의 역사가 혹은 바다가 되고 혹은 시내가 되어
모진 바위에 부딪혀 지하로 숨어들지라도
이는 나의 가슴에서 피가 되고 맥이 되는 생명일지니
나는 어데로 가나 이 끊임없는 생명에서 영광을 찾아

남북으로 양단되고 사상으로 분열된 나라일망정
나는 종처럼 이 무거운 나라를 끌고 신성한 곳으로 가리니

오래 닫혀진 침묵의 문이 열리는 날
고민을 상징하는 한 떨기 꽃은 찬연히 피리라
이는 또한 내가 사랑하는 나라 내가 사랑하는 나라의 꿈
이어니

귀뚜라미

누른 잎사귀 엉키인 곳
회색 촉수로
밤을 더듬어 우는
한 마리 귀공公

이는 영혼의 숲속에서
하늘의 이슬을 마시는
한 마리의 몽환

하늘은 높고 별은 멀고
가을바람 우수수한데
낙엽 지는 계절 속에 숨은
귀공의 울음소리

밤은 검은 옷
인생은 유령
우주는 명동鳴動한다

수영

하늘이 푸르니
바다에 꿈이 나린다

끝없는 물결을 헤치고 가며
나는 한 마리 고래가 되다

하늘과 바다와 나는
아름다운 하나다

세계가 나를 잊어버렸어도
나는 익사하지는 않는다

푸른 바다에 헤엄을 가르치시며
신은 오늘 나에게 자유를 허하시다

사과

뉴-톤의 사과

빨간 옷을 벗기고

여름의 육체를 먹었으되

나는 아직도

아담이 되질 못했다

마음

나의 마음은 고요한 물결
바람이 불어도 흔들리고
구름이 지나도 그림자 지는 곳

돌을 던지는 사람
고기를 낚는 사람
노래를 부르는 사람

이 물가 외로운 밤이면
별은 고요히 물 위에 나리고
숲은 말없이 잠드나니

행여 백조가 오는 날
이 물가가 어지러울까
나는 밤마다 꿈을 덮노라

봄

얼음을 등에 지고 가는 듯
봄은 멀다
먼저 든 햇빛에
개나리 보실보실 피어서
처음 노란빛에 정이 들었다

차츰 지붕이 겨울 짐을 부릴 때도 되고
집 사이에 쌓은 울타리를 헐 때도 된다
사람들이 그 이야기를
가장 먼 데서부터 시작할 때도 온다

그래서 봄은 사랑의 계절
모든 거리距離가 풀리면서
멀리 간 것이 다 돌아온다
서운하게 갈라진 것까지도 돌아온다
모든 처음이 그 근원에서 돌아선다

나무는 나무로
꽃은 꽃으로

버들강아지는 버들가지로
사람은 사람에게로
산은 산으로
죽은 것과 산 것이 서로 돌아서서
그 근원에서 상견례를 이룬다

꽃은 짧은 가을 해에
어디쯤 갔다가

노루꼬리만큼
길어지는 봄 해를 따라

몇 천리나 와서
오늘의 어느 주변에서
찬란한 꽃밭을 이루는가

다락에서 묵은 빨래뭉치도 풀려서
봄빛을 따라나와
산골짜기에서 겨울 산 뼈를 씻으며
졸졸 흐르는 시냇가로 간다

꽃 단상斷想

꽃은 영감靈感 속에 피며
마음을 따라다닌다
사람이 외로우면
사람과 한방에 같이 살면서 외롭고
사람이 슬프면
사람과 같이 가면서 슬프다
이런 꽃은 꽃 속에 꽃이 있고
사랑이 있고 하늘이 있지만
그 이야기를 함부로 하지도 않고
누구에게나 그 속을 좀처럼 보이지도 않는다

4

나의 초상

나를 금매지라 부르던
할머니가 나의 초롱을 만들어
불당佛堂에 달고 가셨다

꿈에 그 초롱이 와서
들여다보니
무지개가 나려와
촛불에 타서 재가 소보록했다

고향
    — 해방 20주년 망향의 노래

타향 삼십 년
실향 이십 년

오십 년의 밀회와 구름다리
하늘 높이에 그 저편
땅 깊이 꺼지는 곳

봄바람이
꽃 핀 언덕을
들고 갔다가
그냥 돌아서니
참새들이 어리둥절해서
헷갈려 숲속에 숨어 버렸다

동산대東山臺를 지키는 늙은 돌배나무는
성황당에나 선 듯 의젓하게
싱싱한 바다 냄새를 풍기며

늦다고 욕지거리하는
애들의 콧등에서

땀방울을 식혀 준다

바다에는 낯선 바위들이 서서
고기새끼처럼 옆에 붙어 헴치던
나를 보고 놀라서
육지에 기어오르다가
지친 거북이처럼 육중하게 둥둥 떠 있다

이런 고향이야 가슴과 손바닥인데
빼앗아서 무엇에다 쓰나
차라리 푸줏간에서
쇠고기나 한두 근 훔쳐다
불고기나 맛있게 해먹을 일이지

가을

여름 하늘이 밀리면서 훤해지는
가을 높은 하늘에서
흰 빛깔이 내리니
젊음과 꿈의 푸른빛이
멀리 건너편으로 날린다
천지 허전하여
귀뚜라미 마루 밑으로 기어들고
가뭄에 시달린 까마귀들 빈 밭에 모여서 운다
서풍 찬바람에 나무 잎새들이 힘없이 진다
장미 꽃잎이 우시시 지는 소리에 가슴이 울린다
피는 꽃보다 지는 꽃을 따라가는 것이 더 많다
갈대와 같이 조용히 생각하는 철
돌도 생각에 잠든 빛
산이 익어서
산마다 단풍이 들며 단풍이 빨갛게 타서
풀지 못한 염원의 제석祭石 위에
피를 흘리며 딩군다

기러기가 갈갈 울며 고향 하늘을 향해 간다
따라 못 가는 서러움

꽃보다 짙은 단풍의 강토
싸늘한 바람과 가냘픈 햇빛에
뉘우치며 혼자 생각는 가을
잊어버린 노래가
구름에 흘러가는
병든 향수의 길

서러운 세월이 가고서도 서러운 세월이 겹쳐서
인간 천년의 꿈이
한 마리 산새만도 못하다!

사자死者로부터의 염서艷書

벌써 오시나 하니
섭섭해서 몰래 황천 강변까지
마중을 나가면서
어떻게 마음이 울렁거리는지
견딜 수가 없었는데
마침 모습이 뵈지 않더군요

거기 이 산과 같이 있을 땐
녹음처럼 우거지는 우수를
떨어버리고 꽃처럼 피고 싶어
병이 저절로 깊어져서
벌써 요기 온 지도 까마득해요

여긴 세월도 없구 계산이란 것도 없어요
서울서는 교통사고로 오시는 분은 많지만
제가 알만한 분은 별로 없어서
고국 소식을 몰라 궁금증인데
지금도 황금만이 행복하신가요

여기 뿌연 안개가 자욱이 끼고 있는

과거도 없고 현재도 없는 곳에서 저는
다시 한 번 과거만이 되고 싶지만
저를 찾아주는 현실은 없어요

바야흐로 봄입니다 꽃나무 뿌리들이
우지끈 우지끈 움직이나 봐요
사랑이 썩은 구데기들이 우글거려서
못 견딜 지경입니다
좀 떨어주실 순 없으실까요

그리고 저를 이끌어
산허리에 누우런 보리밭이 보이던
다대포의 그 장엄한 저녁 물결과
시원한 바다 바람에
다시 한 번 맞세워주실 순 없겠어요
여기는 이렇게 고국을 회상하는 법도 없구
봄바람이 부는 일도 없어요

병病

병은 앓으면서도 양식良識을 기른다
사 년 동안에
선량選良 이백 명 분은 넉근히 쌓여서
오늘은 오늘의 슬픔이 그냥 내일이 되는
그런 날이다
크게 바랄 것도 남지 않았고
한 일도 거진 없어져서

쉬운 충족으로
훨훨 살게 되었다
구두닦이라도 되어
더러운 길을 걸어온
똥 묻은 구두라도
더럽다 말고
침을 텍텍 뱉어
싹 닦아주고는

길에서 누가 밀어도 넘어지지 않도록
싱싱하게 뛰어다니며
농도 하고 욕지거리도 하며

그들은 다 어찌됐는지
한번 보기라도 했으면
구름이 가는 것이
그리 허虛하지는 않을 것이다

시인

꽃은 피는 대로 보고
사랑은 주신 대로 부르다가
세상에 가득 찬 물건조차
한 아름팍 안아보지 못해서
전신을 다 담아도
한 편에 이천 원 아니면 삼천 원
가치와 값이 다르건만
더 손을 내밀지 못하는 천직

늙어서까지 아껴서
어릿궂은 눈물의 사랑을 노래하는
젊음에서 늙음까지 장거리의 고독
컬컬하면 술 한 잔 더 마시고
터덜터덜 가는 사람

신이 안 나면 보는 척도 안 하다가
쌀알만한 빛이라도 영원처럼 품고

나무와 같이 서면 나무가 되고
돌과 같이 앉으면 돌이 되고

흐르는 냇물에 흘러서
자욱은 있는데
타는 노을에 가고 없다

금붕어

홍역에 걸린 듯
몸이 쑤시다가
배 불룩이 된 금붕어는
비단옷을 입었으나
돌아갈 고향이 없어
긴 강 큰물에서
변변히 한번 놀 수도 없는 출세

수심水深이 그리워서
어항 풀 사이를 헤치며
제법 뽐내고 가지만
금방 바닥이 나서
멀지 않은 장도壯途

낯선 돌이지만 바위처럼 믿고
입술을 대고 엎디어 쉬며
하품하다가도
수면을 보고
해를 따라 올라가
하느님께 매달려 죽는다

하느님의 은혜 없음 아니라
인간과 친교 두터우니
수심이 얕아지며
금붕어들은 쉬이 숨진다

산

이상하게도 내가 사는 데서는
새벽녘이면 산들이
학처럼 날개를 쭉 펴고 날아와서는
종일토록 먹도 않고 말도 않고 엎댔다가는
해질 무렵이면 기러기처럼 날아서
틀만 남겨 놓고 먼 산 속으로 간다

산은 날아도 새둥이나 꽃잎 하나 다치지 않고
짐승들의 굴속에서도
흙 한 줌 돌 한 개 들썽거리지 않는다
새나 벌레나 짐승들이 놀랄까봐
지구처럼 부동의 자세로 떠간다
그럴 때면 새나 짐승들은
기분 좋게 엎대서
사람처럼 날아가는 꿈을 꾼다

산이 날 것을 미리 알고 사람들이 달아나면
언제나 사람보다 앞서 가다가도
고달프면 쉬란 듯이 정답게 서서
사람이 오기를 기다려 같이 간다
산은 양지바른 쪽에 사람을 묻고
높은 꼭대기에 신을 뫼신다

산은 사람들과 친하고 싶어서
기슭을 끌고 마을에 들어오다가도
사람 사는 꼴이 어수선하면
달팽이처럼 대가리를 들고 슬슬 기어서
도로 험한 봉우리로 올라간다

산은 나무를 기르는 법으로
벼랑에 오르지 못하는 법으로
사람을 다스린다

산은 울적하면 솟아서 봉우리가 되고
물소리를 듣고 싶으면 내려와 깊은 계곡이 된다

산은 한 번 신경질을 되게 내야만
고산高山도 되고 명산名山도 된다

산은 언제나 기슭에 봄이 먼저 오지만
조금만 올라가면 여름이 머물고 있어서
한 기슭인데 두 계절을
사이좋게 지니고 산다

겨울날

마당에서 봄과 여름에 정든 얼굴들이
하나하나 사라져 갔다
그렇게 명성이 높던 오동잎도 다 떨어지고
저무는 가을 하늘에 인가人家의 정서를 품던
굴뚝 보얀 연기도
찬바람에 그만 무색해졌다

그런 늦가을에 김장 걱정을 하면서 집을 팔게 되어
다가오는 겨울이 더 외롭고 무서웠다
이삿짐을 따라 비탈길을 총총히 걸어
두만강 건너는 이사꾼처럼 회색 하늘 속으로
들어가 식솔들이 저녁상에 둘러앉으니
어머님 한 분만 오시잖아서 별안간 앞니가
무너진 듯 허전해서 눈 둘 곳이 없었다
낯선 사람들이 축대에 검정 포장을 치고
초롱을 달고 가던 이튿날 목 없는 아침이
달겨들어 영원한 이별인데
말 한마디 못하고 갈라진 어머니시다!

가신 뒤에 보니 세월 속에 묻혀 있는 형제들 공동의 부엌까지
무너져 낙엽들이 모일 데가 없어졌다
사람이 사는 것이 남의 피부를 안고 지내는 것이니
찬바람이 항상 인간과 더불어 있어서
사람이 과일 하나만큼 익기도 어려워
겨울바람에 휘몰리는 낙엽들이 더 많아진다

고난의 잔에 얼음을 녹이며 찾는 것은
그 슬픔이 아니요 겨울 하늘에 푸른빛을 띤 봄이다
그 봄을 바라고 겨울 안에서 뱅뱅 돌며
자리를 끌고 한 치 한 치 태양의 둘레를
지구와 같이 굴러가면서
눈과 얼음에 덮인 대지의 하루를 넘어서는 해질 무렵
천장에서 왕거미가 내리고
구석에서 귀또리가 어정어정 기어 나온다
어느 날 목 없는 아침이 또 왈칵 달려들면
이런 친구들에게 눈짓 한 번 못하고
친구들의 손 한 번 바로 잡지도 못하고 가리라

생의 감각

여명의 종이 울린다
새벽별이 반짝이고 사람들이 같이 산다
닭이 운다 개가 짖는다
오는 사람이 있고 가는 사람이 있다

오는 사람이 내게로 오고
가는 사람이 내게서 간다

아픔에 하늘이 무너졌다
깨진 하늘이 아물 때에도
가슴에 뼈가 서지 못해서
푸른빛은 장마에
넘쳐흐르는 흐린 강물 위에 떠서 황야에 갔다

나는 무너지는 뚝에 혼자 섰다
기슭에는 채송화가 무데기로 피어서
생의 감각을 흔들어 주었다

5

전설

황량하던 옛날 산과 들을 거닐다가
거문고 줄을 얻어
나뭇가지에 걸어 놓았다.

봄바람이 와서 줄을 꼬느더니
노래가 하늘에 퍼지고 뜰에 흩어져서
온 땅이 보슬비같이 마시었다.

그 후로는 해마다 해마다 봄이면
대지의 가슴에 다사론 향기가 돌아
푸른 풀이 나고 아름다운 꽃이 피었다.

송별

흰 손을 흔들어
그대를 불렀으니
그대를 부르는 소리
하늘가에 차다.

내 눈이 의지하여
그대의 창을 따라갔으니
감장 포도알 속에
작은 초상이 걸리다.

돌아서던 길은 외로워
한 방울 눈물에
잠겨서 기다리려는
가냘픈 정이 다시 서러웠다.

독립의 길
— 시민행렬 속에서

사람 사람 무수한 사람
아메리카의 발 아메리카의 탱크
국방군 수비대의 나팔
소년군의 적열赤熱하는 뺨
백의소녀의 국기 봉대奉戴
불타는 청년단 나아가는 시민군市民群
가장 무장 행장
고래가 간다 거북선이 긴다 깽맥이 운다
번쩍이는 카메라의 눈 눈 눈
행렬 행렬 연속하는 만세
아 나는 만세 속으로 달음질친다
해방된 민중의 주위에서 세계가 돈다
부르짖는 환호 소리 지상에 넘쳐
감격된 하늘로 올라가는 만세
8월의 태양 아래서 선풍같이
휘날리는 깃발 깃발
깃발이 독립을 부르니
지평선으로 달음질치는
산맥 우에 영기가 돈다
오늘 무슨 필요와 이유로

얄타의 비밀을 찾으랴
카이로 포츠담을 순례하랴
모스크바 회담을 물으랴
파리의 강화를 부러워하랴
38선 강가에서 눈물을 흘릴지라도
강토의 염원이 한양에 모이니
사천 년사가 하루에 모여 민족을 부른다
죽은 사람 산 사람 반역하는 자
모두 다 모여라 용해하라 맑게 결정結晶하라
달음질치는 민중 일어서는 민족
이제 높이 새 다리를 놓고
하늘을 향한다
신이야 있건 없건
거기야 허공이건 말건
정의는 높은 곳에 있고
신념은 불멸한 곳에 살고
우리는 하늘의 마음에 사나니
독립을 주느니 안 주느니
누가 말하랴
통일은 독립 단결은 독립

독립은 주고받는 것이 아니니
독립은 오직 독립하는 것뿐
염원이 지나쳐 열광하고
열광됨이 있어 삶의 기쁨 되었으니
36년이 어찌 괴롬뿐이랴
또한 1년이 어찌 헛되었으랴
고민은 신성을 받들고
독립으로 가는 길
이 길을 막는 날 지구는 서라
대륙은 붕괴하라 세계는 타라
아 앞으로 앞으로 나가는 민족의 행렬
나는 달음질친다 나는 깃발이다
나는 소리다 하늘로 가는 소리
열렬한 지표에 널따란 길
삼천만이 달음질치는 푸른 하늘의 길
독립의 길 독립의 길 독립의 길 독립의 길

가는 길

내 홀로 지킨 딴 하늘에서
받아들인 슬픔이라 새길까 하여
지나가는 불꽃을 잡건만
어둠이 따라서며 재가 떨어진다

바람에 날려 한 많은
이 한 줌 재마저 사라지면
외론 길에서 벗하던
한 줄기 눈물조차 돌아올 길 없으리

산에 가득히⋯⋯ 들에 펴듯이⋯⋯
꽃은 피는가⋯⋯ 잎은 푸른가⋯⋯
옛 꿈의 가지 가지에 달려
찬사를 기다려 듣고 지려는가

비인 듯 그 하늘 기울어진 곳을 가다가
그만 낯선 것에 부딪쳐
소리 없이 열리는 문으로
가는 것을 나도 모르게 나는 가고 있다

거리 距離

나는 여기 벽이다
너는 거기 꽃이다
너와의 사이에
얼음 고개가 생겼다

아지랑이 꿈꾸면
고개는 사라진다
기다리면 먼 봄
꽃이 그리워
꽃집에 갔더니
꽃이 따라와서 상 위에 앉았다
봄도 같이 따라왔다

거리란 없는 것이다
있다 해도 봄이면 풀려서 없어진다
가거나 오거나
거리는 기다림이다

젊은 시인의 죽음
— 봄과의 첫날밤

고요히 말없이 봄비를 받아
첫날밤의 눈물로 삼는가
흙은 풀린 자리에 태몽을 안고
영생의 푸른 잔디를 마련하며
멀리 산과 뫼를 부르고 전하여
돌아온 육신자의 영혼을 재운다
보라 이 사람을…… 잠시 동안 그가
지상에 머물렀던 자취를……
빛을 보면서 눈을 감고
허물어질 벽에 기대이던 곳을……
이제 그는 가난한 양식의 배정을 끊고
한 벌 옷조차 벗고 갔다
이로써 죽음은 끝나고 생 이전이 실현되나니
아침저녁 품은 꿈은 젖은 흙에 돌아가 묻힌다

——고 박인환을 묻고 돌아온 밤

서울에 둔 무덤을 찾아

이 황토 속에 누워
탄환의 상처에
염주를 굴리는 그가
나의 아버님이시다

시간이 끝없이 흘러
흙에 말라붙을 염원
어느 봄바람이여 만나서
이름 없는 꽃이나마 되어 피라

머지않아 딴 자리에 누워도
서로 이을 한 언덕이거늘
문을 닫으신 앞에 서니

산이 모두 무덤이오
흙이 모두 살결이라
눈물에 젖는 하늘이외다

고혼孤魂
― 고 노천명 시인에게

콧구멍을 막고
　병풍 뒤에
하얀 석고처럼 누웠다

외롭다 울던 소리
　다 버리고
　기슭을 여이는
배를 탔음인가

때의 집에 살다가
　'구정물'을 토하고
먼저 가는 사람아

길손들이 모여
　고인 눈물을
　마음에 담아
찬 가슴을 덥히라

아 그대 창에 해가 떴다
　새벽에 감은 눈이니
다시 한 번 보고 가렴

누군지 몰라도 자연아
　고이 받아 섬기고
　신의 밝음을 얻어
영생을 보게 하라

밤

나는 밤
아름다움아 오라
등불을 켜라
어두운 공허에
네 모습 차라

은하 강변에 빛나는
황금 모래
작은 별들아 반짝이라
나는 꿈꾸는 밤
무한의 보금자리

사랑하는 사람아
이 나의 밤을 가지라
나의 마음으로 오라
그대 없는 밤 비인 잔
외로움 모여든다

황혼

온 하늘의 광명이 서쪽 산머리에 기울어져 타고 난 다음
구름에서 떨어진 그림자가 숲에서 밀려오는 때쯤 하면
나의 상 우엔 한 송이 꽃이 빨간 입술을 옴츠리고
염염炎炎히 한 나라를 태우는 정경이 드러납니다.

무한한 생에의 의념意念이 백일白日을 지나온 한나절엘지라도
이제 여기 광명이 황미黃迷한 자리에 앉았으면
슬픈 말들이 모여드노니 이것은 향료를 구하는 섬
밤은 밤마다 이렇게 저물어가나 봅니다.

이 한 송이 꽃이 암만해도 시들어 버릴 설법을 나아가 구함이 아닐지로되
아름다움은 나중에 그 마른 입술을 열어 무슨 말로 눈물을 지니리까.
하늘과 땅의 경이가 이 한 송이에 모였던 날을 위하여 또한 무슨 말이 남으리까.
또한 어데서 우리들은 사랑의 성스런 글을 읽으리까.

묻노니 '미美'는 말뿐입니까. 그러면 말은 모두 다 숨으리다.

묻노니 '애愛'는 슬픈 내일입니까. 그러면 내일은 모두 다 오지 않으랴 하리다.
푸른 하늘 봄바람 맑은 물 별과 달 외로운 해
이 영속성들이 모아서 작은 한 송이를 피우지 않았습니까.

아, 불원不遠에 모두 다 시간의 둥이에서 떨어질 우리들은 이 한 송이 꽃을 어떻게 삼가 아껴야 하리까.
한숨에 끌려서 아름다웁던 며칠을 과장하여 청춘의 광영으로 삼으리까.
꽃이 지는 날 깊은 향수는 땅에 집니다.

해를 따라 얼굴을 돌리던 한낱 해바라기는 이제 지향을 땅에 숙입니다.
해가 져서 빛 없는 바람이 지나갑니다.
온상에 떨어져서 한갓 생각에 묻히리까.
아 찬란한 경이가 어델 흘러갑니까. 황혼이 오면 밤은 밤마다 이렇게 저물어가나 봅니다.

김광섭

연 보

1905(1세) 9월 22일, 함경북도 경성에서 김인준과 노옥동의 장남으로 출생.

1911(7세) 북간도로 이주.

1912(8세) 이주 1년 만에 고향에 돌아와 마을 서당에서 한문을 배움.

1915(11세) 경성공립보통학교 3학년에 편입.

1917(13세) 경성공립보통학교를 졸업 후, 경성 읍내에 있는 서당에서 다시 한문 수학.

1919(15세) 부인 이학순 여사와 결혼.

1920(16세) 서울 중앙고보에 입학, 1학기를 마치고 2학기 때 중동학교로 편입.

1924(20세) 중동학교를 졸업한 뒤 일본으로 건너감.

1926(22세) 와세다대학 제1고등학원 영문과와 도쿄상대 예과에 합격,
영문과를 진학 후 신입생 환영식에서 이헌구(당시 불문과 2년생)를 만나 함께 자취 생활을 함.

1927(23세) 와세다대학 제1고등학원 조선인 동창회에서 만든 ≪R≫지의 청탁으로 시 「모기장」 발표.
장녀 진옥 출생.

1929(25세) 제1고등학원을 졸업하고 와세다 대학 영문과에 입학.

1932(28세) 와세다 대학을 졸업. 차녀 금옥 출생.

1933(29세) 모교인 중동학교에 영어 교사로 취임. <극예술 연구회>에 가담하여 활동하고, 서항석 함대훈 모윤숙 노천명 과 교류.

1936(32세) 장남 재옥 출생.

1938(34세) 제1시집 『동경』(자가본) 간행.

1941(37세) 강의 시간에 학생들에게 민족의식을 고취하였 다는 이유로 일본 경찰에 체포, 구속.

1944(40세) 3년8개월 만에 출옥.

1945(41세) 해방과 더불어 민족진영 문인들과 <중앙문화 협회>를 창립.

1946(42세) 전조선문필가협회 총무부장에 취임하고, 민주 일보사 사회부장직을 맡음.

1947(43세) <전국문화단체총연합회> 출판부장에 취임하 고, <민중일보> 편집국장직을 맡음.

1948(44세) 정부 수립과 더불어 이승만 대통령 공보비서관 에 취임.

1949(45세) 제2시집 『마음』(중앙문화협회) 간행.

1950(46세) ≪문학≫ 창간호 발간, 1집 발행 시 6•25 동란 으로 중단. 피난 중 대전에서 <대한신문>(공보 처 발행) 사장에 취임.

1952(48세) 경희대학교 교수.

1955(51세) 한국자유문학자협회 위원장에 피선.

1956(52세) ≪자유문학≫ 창간.
1957(53세) 제7회 서울특별시문화상(문학상) 수상.
            제3시집 『해바라기』(자유문학자협회) 간행.
1958(54세) 세계일보 사장에 취임. 보리스 파스테르나크의
            시집 『서정시집』을 번역, 간행.
1960(56세) 대한민국 예술원 추천위원이 됨.
1961(57세) 한국문인협회 발기준비위원이 되고, 이어 부이
            사장에 선출.
1962(58세) 한국예술문화단체총연합회 이사로 선출.
1964(60세) ≪자유문학≫이 운영난으로 휴간.
1969(65세) 제4시집 『성북동비둘기』(범우사) 간행. 대한민
            국 문화예술상 수상.
1970(66세) 국민훈장 모란장을 받고, 문공부로부터 창작기
            금을 받음.
1971(67세) 부인 작고. 제5시집 『반응』(문예출판사) 간행.
1974(70세) 예술원상 수상.『김광섭 시전집』(일지사) 간행.
1975(71세) 시선집 『겨울날』(창비) 간행.
1976(72세) 5월, 자전 문집 『나의 옥중기』(창비) 간행.
1977(73세) 5월 23일, 자택에서 숙환으로 별세.
1989년   이산문학상(문학과지성사) 제정.
2005년   『이산 김광섭 시전집』(문학과지성사) 간행.

〖한국대표명시선100〗을 펴내며

한국 현대시 100년의 금자탑은 장엄하다. 오랜 역사와 더불어 꽃피워온 얼·말·글의 새벽을 열었고 외세의 침략으로 역경과 수난 속에서도 모국어의 활화산은 더욱 불길을 뿜어 세계문학 속에 한국시의 참모습을 드러내게 되었다.

이 나라는 글의 나라였고 이 겨레는 시의 겨레였다. 글로 사직을 지키고 시로 살림하며 노래로 산과 물을 감싸왔다. 오늘 높아져 가는 겨레의 위상과 자존의 바탕에도 모국어의 위대한 용암이 들끓고 있음이다.

이제 우리는 이 땅의 시인들이 척박한 시대를 피땀으로 경작해온 풍성한 시의 수확을 먼 미래의 자손들에게까지 누리고 살 양식으로 공급하는 곳간을 여는 일에 나서야 할 때임을 깨닫고 서두르는 것이다.

일찍이 만해는 「님의 침묵」으로 빼앗긴 나라를 되찾고 잃어가는 민족정신을 일으켜 세우는 밑거름으로 삼았으며 그 기룸의 뜻은 높은 뫼로 솟아오르고 너른 바다로 뻗어 나가고 있다.

만해가 시를 최초로 활자화한 것은 옥중시 「무궁화를 심고자」(≪개벽≫ 27호 1922. 9)였다. 만해사상실천선양회는 그 아흔 돌을 맞아 만해의 시정신을 기리는 일의 하나로 '한국대표명시선100'을 펴내게 된 것이다.

이로써 시인들은 더욱 붓을 가다듬어 후세에 길이 남을 명편들을 낳는 일에 나서게 될 것이고, 이 겨레는 이 크나큰 모국어의 축복을 길이 가슴에 새겨나갈 것이다.

만해사상실천선양회

한국대표명시선100 | 김광섭

성북동 비둘기

1판1쇄 발행 2013년 7월 31일
1판3쇄 발행 2021년 5월 25일

지은이   김광섭
뽑은이   만해사상실천선양회
펴낸이   이창섭
펴낸곳   시인생각
등록번호 제2012-000007호(2012.7.6)
주　소   고양시 일산동구 호수로 688. A-419호
전　화   ㈜10364
팩　스   050-5552-2222
홈페이지 (031)812-5121
이메일   lkb4000@hanmail.net

값 6,000원

ⓒ 김광섭, 2013

ISBN 978-89-98047-94-8 03810

* 이 책의 저작권은 저자와 시인생각에 있습니다.
* 잘못된 책은 책을 구입하신 서점에서 교환하여 드립니다.

※ 이 책은 만해사상실천선양회의 지원으로 간행되었습니다.